創意小畫家系列

色 鉛 筆

M. Àngels Comella 著

三民書局編輯部 譯

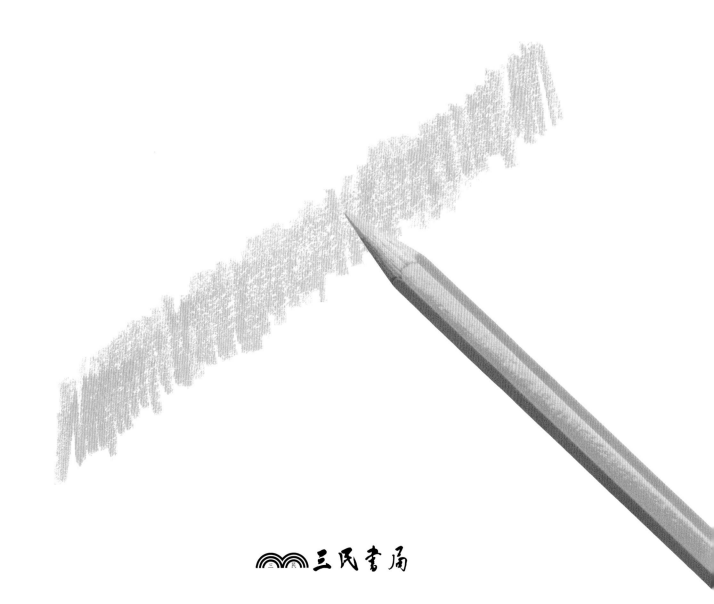

三民書局

© 色 鉛 筆

著 作 人	M. Àngels Comella
譯　　者	三民書局編輯部
發 行 人	劉振強
著作財產權人	三民書局股份有限公司
發 行 所	三民書局股份有限公司
	地址　臺北市復興北路386號
	電話　(02)25006600
	郵撥帳號　0009998–5
門 市 部	(復北店) 臺北市復興北路386號
	(重南店) 臺北市重慶南路一段61號
出版日期	二版一刷　2018年2月
編　　號	S 940690

行政院新聞局登記證局版臺業字第○二○○號

有著作權・不准侵害

ISBN　978–957–14–6450–3　（平裝）

http://www.sanmin.com.tw　三民網路書店

※本書如有缺頁、破損或裝訂錯誤，請寄回本公司更換。

紙和鉛筆：可能沒有其它東西比它們之間的關係更密切、更緊密相連；也沒有東西比它們更普遍、更容易學會使用了。確實，別看它那窄窄的、木製的身軀，色鉛筆可是有非常多的特質，以及許多數不清的、等著我們來使用的顏色。

通常，我們有好幾種方法在面積不大的表面上畫圖、著色。但重要的是，除了紙以外，我們還可以在其它的畫材上著色或是把色鉛筆和其它材料混合喔！尤其是當我們在畫一幅畫的最後幾筆，需要比較精確的線條時，色鉛筆可是很有用的喲！

我們也可以用紙筆*來增加和增強顏色，如果你用的是水性色鉛筆的話，還可以用水和畫筆稀釋*，來覆蓋比較大的面積。萬一不小心畫錯了，可別擔心喔！用一塊橡皮就可以修正了。

讓色鉛筆帶我們找到通往色彩世界的鑰匙吧！

這裡有一盒色鉛筆。

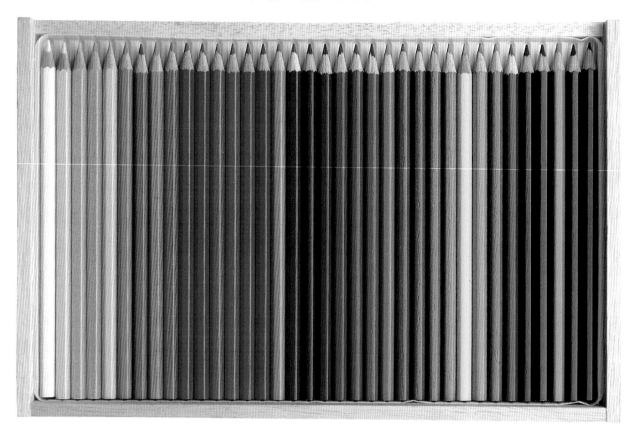

要如何使用呢？

- 我們可以用削尖的筆尖，畫一條線。

- 也可以用鈍的 * 筆尖，畫一條線。

- 把筆傾斜一些，我們可以用它來把某個部分著色。

- 我們可以用力的塗。

- 或是輕輕的、輕柔的塗。

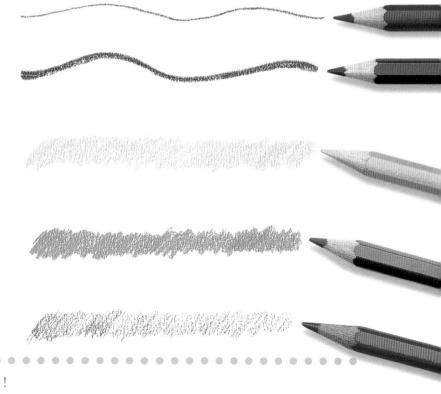

也可以……

● 混合兩個顏色。

● 用另外一個顏色覆
　蓋住前一個顏色。

● 讓顏色慢慢的由
　強烈到柔和。

● 用橡皮擦掉顏色。

● 用紙筆來表現出顏色的濃淡。

● 用水性色鉛筆混合水，
　可以作出暈染的效果。

不同的表面和橡皮

試試看在不同的表面上使用色鉛筆，會產生非常不同的結果喔！
如果你有橡皮，可以把顏色擦掉。

在表面粗糙的 *
紙上畫畫。

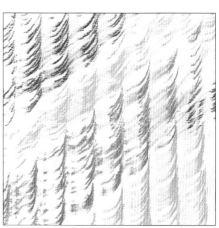

畫在描圖紙上。
雖然桌子上有紙
張覆蓋，我們還
是可以看得到桌
子的木紋喔！

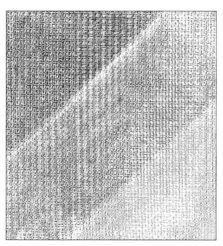

畫在有刺繡
的布上。

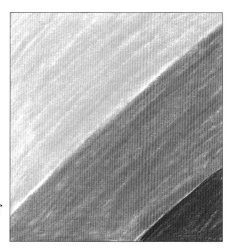

或是畫在平滑
的紙上。

我們可以把某
些部分擦掉，
或是畫出線條
來。

當我們用色鉛筆著色以後，便可以看到紙上原本就有的線條。

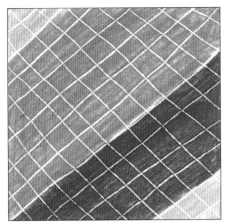

用已經沒有墨水的原子筆來畫線，等著色以後，線條便出現了。

在平滑的紙上刮出一些線條，等塗上顏色以後，線條會更加明顯喔！

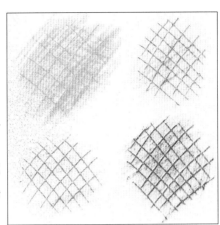

我們也可以把色鉛筆和其它的材料混合使用。

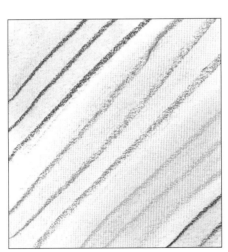

我們可以先用色鉛筆著色，然後再塗上粉彩筆。

也可以用色鉛筆在彩色筆的底色上畫線。

蠟筆上的色鉛筆。

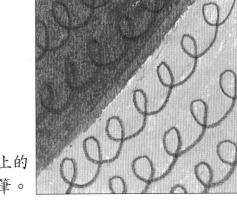

我們可以拿另外一張紙，用遮蓋的方法來著色。

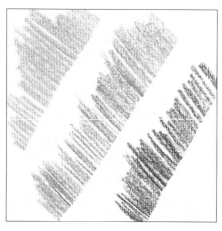

先用紙把畫紙的一部分遮起來，再著色。然後，把紙移開，線條便出現了耶！

也可以剪出一個圓形，然後把下面的紙塗上不同的顏色。

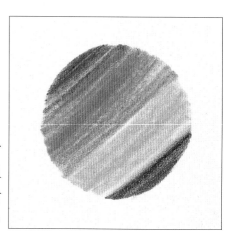

同樣的，我們可以剪一個三角形，但這次是用三角形的形狀來當作遮蓋物。

水性色鉛筆可以溶解在水裡。

我們可以用蘸了水的畫筆塗過這些線條，線條會變得模糊。

或是用沾了水的畫筆塗過有顏色的部分，顏色會變得非常強烈喔！

我們可以用色鉛筆來做個實驗，這裡有一些例子：

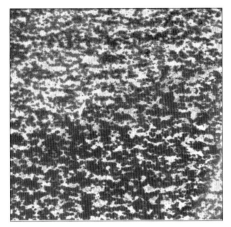

我們把表面粗糙
的紙塗上藍色，
然後用彩色影印
的方法把它放
大，接著再塗上
顏色。

也可以把報紙
的插圖著色。

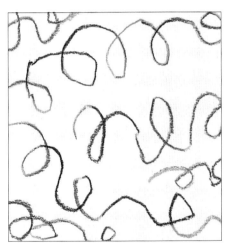

或是用一枝多
色的色鉛筆，
畫出彎彎曲曲
的線條*。

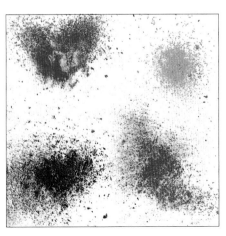

在塗了膠水的
紙上面，把不
同顏色的色鉛
筆筆芯擦碎。

在有刺繡的布上
著色。這裡你可
以看到布下面的
紙變成什麼樣子
了。

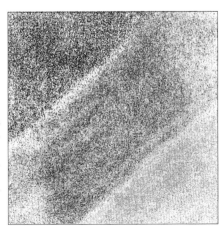

海報上的太陽……
表面和水性色鉛筆

閃閃發亮的白色……
紙上的痕跡

光的線條……
在有色的卡紙上著色

海洋和太陽……
線條和水性色鉛筆

黑色的斑點……
色鉛筆和複寫紙

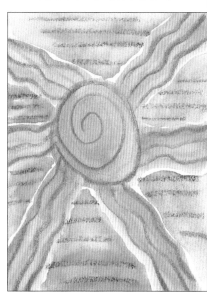

太陽……
表面粗糙畫紙
上的色鉛筆

火輪……
水彩上的色鉛筆

敏感的、纖細的……
色鉛筆的濃淡

早起的太陽……
在塗了保護膠
的木材上畫圖

忙忙忙……
色鉛筆和橡皮

當然還有好幾千
個太陽喲！

現在，就讓我們用
其它的例子來告訴
你，我們是怎麼樣
把這些太陽一個個
創造出來的。

當紙上有線條或是痕跡的時候，即使我們在上面用色鉛筆著色，它還是看得見喔！

1 用一枝沒有墨水的原子筆畫出圖畫的線條。我們在這裡用鉛筆把線條畫出來給你看。

2 然後，用色鉛筆塗過這些線條。

3 每一片葉子我們都用不同的顏色來塗。

4 即使我們在葉子上塗再多的顏色，白色的線條還是看得見喲！

5

有葉子就有
樹木，有樹
木就有鳥
兒，有鳥兒
就 有 ……
哇！一幅細
細描出的、
非常細緻的
風景畫！

遇到水會溶解 *，而且因為這樣產生水彩效果的色鉛筆，這就是水性色鉛筆。

1

我們在同一個表面上，畫了不同顏色的幾何圖形。

2

然後用沾溼的畫筆來塗顏色。

3

有些顏色溶解的情形會比較好。

4
像這一幅夜景，我們在塗每一個顏色以前，都會清洗畫筆，所以顏色才沒有混在一起。

我們通常都是用白紙來畫圖,但是如果畫在色紙上,就會產生不一樣的效果喲!

1 我們先把不同顏色的卡紙貼在一起,做成初步的構圖*。

2 在黑色的卡紙上,用淺的顏色來著色;如果卡紙是淺色的,那就用深的顏色。

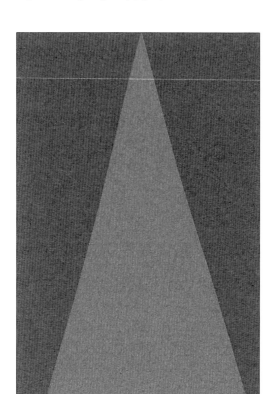

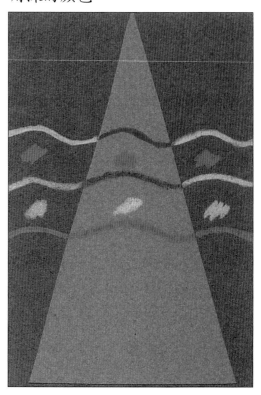

3 你瞧!用這個技巧畫出來的花瓶是不是很不一樣呢?

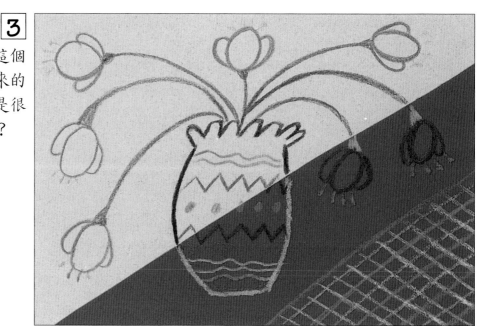

4

在這裡，我們看到非常淺的顏色和白色比較突出。但是，這個小女孩看起來並不太清楚，應該選什麼顏色才好呢？

在著色的時候，色鉛筆可以和彩色筆、蠟筆、廣告顏料、墨水、水彩等等一起使用。

1 我們先塗上水彩當作背景[*]。

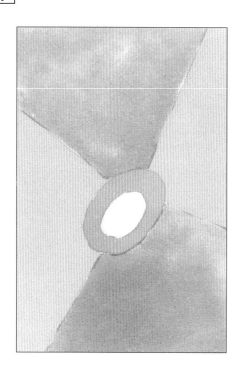

2 等它乾了以後，我們再塗上色鉛筆。

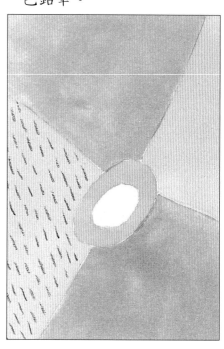

3 我們用不同顏色的色鉛筆來塗。

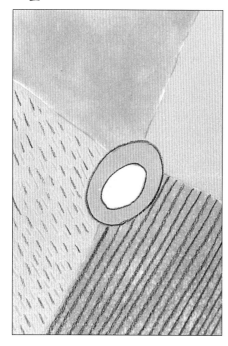

4 最後，用黑色的色鉛筆描出輪廓來。

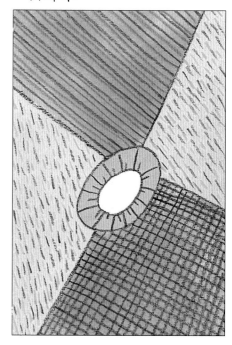

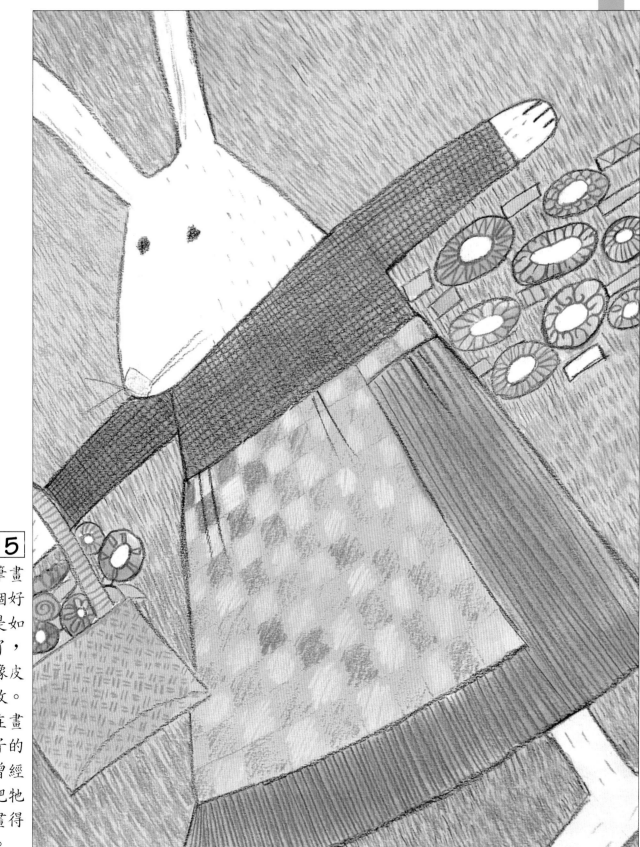

5
用色鉛筆畫
圖有一個好
處，就是如
果畫錯了，
可以用橡皮
擦掉修改。
像我們在畫
這隻兔子的
時候，曾經
一開始把牠
的鬍子畫得
太長了。

像其它材料一樣,色鉛筆可以很清楚的把我們畫畫用的畫材 * 紋路 * 顯現出來。

1 我們先在表面粗糙的畫紙上塗出一個形狀來。紙的特色就是白點。

2 塗黑色和深色的時候,紙的白點會比塗淺色的明顯喔!

3 在這裡,我們把這個圖案 * 的背景畫好了。

4 加上更多顏色,紙張的紋路仍然看得很清楚喲!

5
在表面粗糙
的畫紙上的
音樂家和舞
蹈家，身上
有密密麻麻
的白點耶！

濃淡就是把顏色漸漸的由深色調塗到淺色調，這就是我們在這張畫裡要使用的技巧喔！

1

先畫出一些由濃到淡的波浪狀線條。

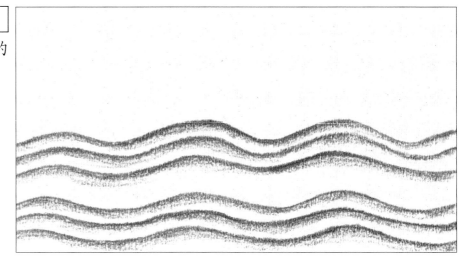

2

我們加入另外一個顏色，而且把它混在前一個顏色裡。

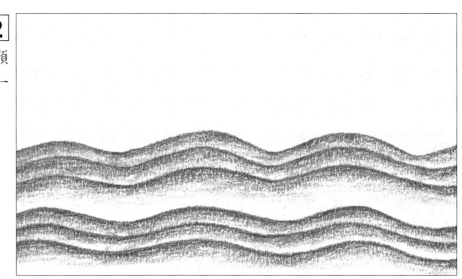

3

天空的部分我們用了兩種顏色。雲是利用紙張本身的白色。

4
依照紙張的
紋路，顏色
會有濃或淡
的差別喔！
陽臺上的這
個女人，看
起來是不是
非常優雅細
緻呢？

如果我們先用水性色鉛筆畫線條，然後再用沾了水的畫筆塗過，線條便會溶解在水裡。

1 我們先用水性色鉛筆畫出線條來。

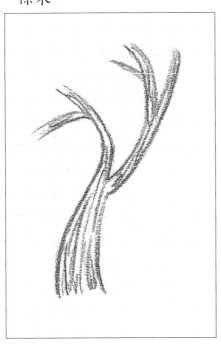

2 然後加上其它顏色的線條。

3 我們用沾了水的畫筆塗過這些線條，線條便擴散開來了。

4 當沾了水的畫筆接觸到顏色的時候，顏色會和水混合。

5

河堤上正吹
著風，我們
不想讓顏色
混在一起，
所以必須等
前一個顏色
乾了以後，
才能繼續塗
下一個顏色
喲！

所有的材料我們都可以拿來試試看，這裡我們用色鉛筆和複寫紙做出了奇特的效果。

1 把複寫紙放在白色的卡紙上，然後用沒有墨水的原子筆在上面畫圖。

2 我們把複製在卡紙上的圖塗上不同的顏色。

3 複寫紙上的黑色線條有點兒髒髒的，背景也是，所以使這幅畫看起來非常有趣喔！

4

當我們在複寫紙上畫圖的時候，其實我們是看不見自己在畫什麼的，每一個筆觸*都是隨興的。多麼快樂啊！就像這幅春天的風景。

色鉛筆很適合在塗了保護膠的木材上畫圖。

1

我們找到一片木材。

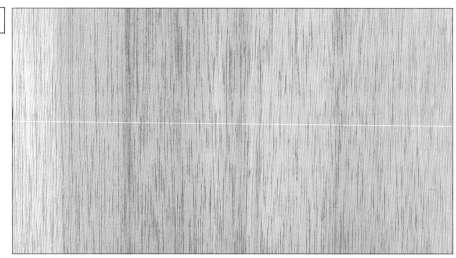

2

我們先用保護膠塗過木材的表面，然後用白色的色鉛筆描出這幅畫的輪廓來。

3

再來，塗上不同的顏色，並增加更多的白色線條。

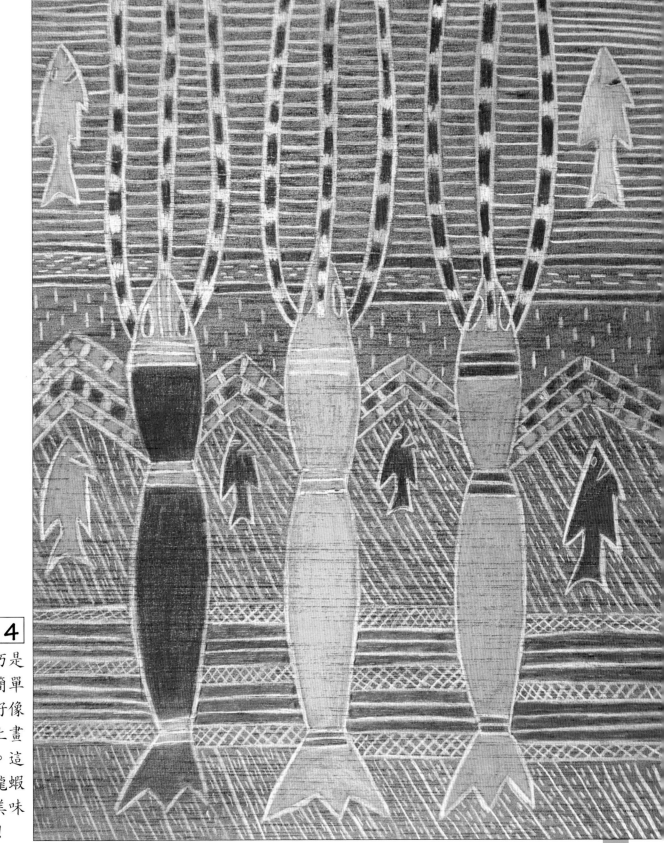

4
這個技巧是
不是很簡單
呢？就好像
在黑板上畫
圖一樣。這
三尾小龍蝦
看起來美味
極了耶！

用色鉛筆畫出來的圖都可以用橡皮擦掉。如果我們用一種更硬的橡皮,輕輕地在顏色上塗一塗,會產生混合顏色的效果喲!

1 我們先用不同顏色的線條畫了一個圖。

2 用硬橡皮輕輕的在上面塗一塗,顏色便混合在一起了。

3 我們用同樣的方法來塗上面的螺旋部分。

4 如果我們只畫線條，並且把線條的顏色混合，這樣子便會產生一幅有移動感覺的畫喔！就像這兩架在做特技表演的飛機。

詞彙說明

紙筆：用壓縮過、透氣性良好的紙捲成的，一端是尖頭狀。用來把顏色塗開。

稀釋：溶解在水裡。

鈍的：圓的，在這裡是指鉛筆筆尖沒有削尖。

表面粗糙的：不平滑的，有凸起或是凹陷的。

遮蓋：使表面的某些部分不要著色。

彎彎曲曲的線條：不直的線條，也就是波浪狀的。

技巧：製作一種東西的方法。

溶解：用液體使東西消失不見。

構圖：把各種東西用某個特定的方法或原因擺在畫面上。

背景：在圖形後面的部分，有裝飾的作用。

畫材：一種可以在上面畫圖或是塗顏色的物質。它可以是紙、布、木材等等。

紋路：物體表面看起來的樣子。可以是粗糙的、平滑的、凹凸不平的等等。

圖案：在一幅畫裡，占最主要部分的圖形。

筆觸：像鉛筆或畫筆的工具留下的記號。它可以是細的、粗的、直的，或是彎曲的等等。

保護膠：一種用來防止畫的表面被弄髒，或是被空氣中的水氣損壞的覆蓋物。